czyta..y
w oryginale
**wielkie
powieści**

Czytamy w oryginale

Mark Twain
The Adventures of Tom Sawyer
Przygody Tomka Sawyera

Autor adaptacji:
Anna Paluchowska

Tłumaczenie adaptacji na język polski:
Redakcja

Projekt graficzny i ilustracje: Małgorzata Flis

Skład: Marek Szwarnóg

wydawnictwo 44.pl

Global Metro Sp. z o.o.
ul. Juliusza Lea 231
30-133 Kraków

ISBN: 978-83-63035-60-0

Druk i oprawa: OSDW Azymut Sp. z o.o.

czytamy
w oryginale

Mark Twain

The Adventures
of Tom Sawyer
Przygody
Tomka Sawyera

adaptacja w wersji angielsko-polskiej

wydawnictwo
44.pl

I. IN WHICH WE MEET
TOM SAWYER

Tom!'
No answer.
'Tom!'
No answer.
'Where's that boy now? You Tom!'
The old lady stood up, went up to the door and opened it. Looking out into the garden she shouted:
'Tom! If I catch you, I'll...'
Suddenly she heard something behind her. She turned around and saw a small boy opening the door of a closet. She ran and caught him by his collar.
'Tom! What have you been doing in this closet?'
'Nothing.'
'Nothing? And what have you got on your hands and face?'
'I don't know, Aunt Polly.'
'Well, I know. It's jam. I've told you forty times not to touch that jam ...'
'Look behind you, Aunt!'
The old lady turned around. At that moment the boy ran out of the door, jumped over the fence, and disappeared among the trees. His aunt Polly was angry for a moment, and then started to laugh.

I. W KTÓRYM POZNAJEMY TOMKA SAWYERA

Tomku!
    Żadnej odpowiedzi
– Tomku!
Znów żadnej odpowiedzi!
– Gdzież jest znowu ten chłopak? Hej Tomku!
Starsza pani wstała, podeszła do drzwi i otworzyła je. Rozglądając się po ogrodzie, krzyknęła:
– Tomku, jak cię tylko dostanę, to…
Nagle, usłyszała coś za sobą. Odwróciła się i ujrzała małego chłopca otwierającego drzwi do spiżarni. Podbiegła do niego i złapała za kołnierz.
– Tomku! Co robiłeś w spiżarni?
– Nic.
– Nic? A co masz na rękach i na twarzy?
– Nie wiem, ciociu Polly.
– A ja wiem. To konfitura. Mówiłam ci już ze czterdzieści razy, żebyś nie tykał konfitury…
– Spójrz za siebie, ciociu!
Starsza pani odwróciła się. W tym momencie chłopiec wypadł przez drzwi, przeskoczył przez płot i zniknął między drzewami. Ciotka Polly przez moment była wściekła, a potem zaczęła się śmiać.

'I can never learn anything. Oh, that boy! He won't go to school this afternoon, and I'll have to make him work tomorrow. And he won't like it because tomorrow is Saturday and all other boys got holidays.'

Of course, Tom didn't go to school that afternoon, and neither did his best friend, Joe Harper. Together they went to the woods and played Robin Hood. Tom was the brave robber, and Joe was the terrible Sheriff of Nottingham. Then Joe became Robin, and Tom played all his men. In the evening they met Huckelberry Finn, a boy with no house and no mother, and a father who was always drunk. All the boys wanted to be like Huck because he didn't have to go to school. Tom and Joe loved playing with him. That evening they were three Indian chiefs at war. The war was long and it was already midnight when Tom went back to his room through the window.

The next morning aunt Polly said:

'Tom, I'm sorry, but you have to work today. Can you, please, paint the fence.'

'Can I play when I finish painting?'

'Yes,' said aunt Polly, but she didn't believe for a second that Tom could paint even half the fence by the evening.

Tom quickly took the pot with the paint and went into the garden. He put the pot on the floor, and took a look at the fence. It was long, very long.

– Nigdy się nie nauczę. Och, ten chłopak! Pewnie nie pójdzie dziś po południu do szkoły i będę musiała za karę dać mu jutro jakąś pracę. Nie spodoba mu się to, bo jutro jest sobota i wszyscy inni chłopcy będą się bawić.

Oczywiście Tomek nie poszedł do szkoły po południu, podobnie jak jego najlepszy przyjaciel Joe Harper. Razem poszli do lasu i bawili się w Robin Hooda. Tomek był dzielnym bandytą, a Joe strasznym szeryfem z Nottingham. Później Joe został Robin Hoodem, a Tomek zagrał wszystkich jego ludzi. Wieczorem spotkali Huckelberry Finna, chłopca bez domu i matki, za to z wiecznie pijanym ojcem. Wszyscy chłopcy chcieli być tacy jak Huck, ponieważ nie musiał chodzić do szkoły. Tomek i Joe uwielbiali się z nim bawić. Tego wieczoru bawili się w trzech indiańskich wodzów na wojennej ścieżce. Wojna była długa, i było już po północy, kiedy Tomek wślizgnął się do pokoju przez okno.

Następnego ranka ciotka Polly oznajmiła:

– Tomku, przykro mi, ale musisz dziś popracować. Czy możesz pomalować płot?

– A mogę się pobawić, kiedy skończę malować?

– Tak – odpowiedziała ciocia. Ale nie wierzyła ani przez moment, że Tomek zdąży pomalować choć połowę ogrodzenia, nim zrobi się wieczór.

Tomek szybko wziął wiaderko z farbą i wyszedł do ogrodu. Postawił je na ziemi i przyjrzał się ogrodzeniu. Było długie, bardzo długie.

He took his brush and started painting. Five minutes later, he stepped back and looked at his work. There was a small patch of white on the long dirty fence. Tom sat down discouraged.

'I'll never finish it,' he thought. 'I'll be working all day, and all the other boys will laugh at me.'

Just then he saw Ben Rogers coming up the street eating an apple. Tom immediately stood up and put his whole heart into painting the fence.

'Hello,' said Ben.

Tom paid no attention. He was painting like an artist.

'Hi, I'm going swimming,' said Ben with a nasty smile. 'Would you like to come too? But of course you have to work today.'

Tom looked at Ben for a moment, and then said:

'What do you call work?'

'Painting. Isn't that work?'

'Maybe it is, maybe it isn't, but Tom Sawyer likes it.' And Tom stepped back, looked at his work critically, like an artist at his picture.

'Like it!' cried Ben. 'Oh, come on! I don't believe you like it.'

'Why not?' asked Tom. 'Does a boy get a chance to paint a fence everyday?'

That put the thing in a new light. Ben came up closer and started watching Tom.

'Tom,' he said after some time. 'Let me paint a little.'

Wziął pędzel i zaczął malować. Pięć minut później, cofnął się i spojrzał na efekt. Na długim brudnym płocie była tylko mała plama bieli. Tomek usiadł zniechęcony.

– Nigdy tego nie skończę – pomyślał. – Będę pracował cały dzień, a chłopaki będą się ze mnie śmiać.

Zaraz potem ujrzał Bena Rogersa, który szedł ulicą jedząc jabłko. Tomek natychmiast wstał i włożył całe serce w malowanie płotu.

– Cześć – powitał go Ben.

Tomek nie zwracał na niego najmniejszej uwagi. Malował jak artysta.

– Cześć, idę popływać – powiedział Ben z paskudnym uśmiechem. – Idziesz ze mną? Ale jasne, musisz pracować.

Tomek patrzył na Bena przez chwilę i powiedział:

– Co ty nazywasz pracą?

– Malowanie. Czy to nie jest praca?

– Może jest, a może nie jest, ale Tomek Sawyer to lubi. – Tomek cofnął się i spojrzał na swą pracę krytycznie, jak artysta na swój obraz.

– Lubi to?! – zawołał Ben. – Och, przestań! Nie wierzę, że to lubisz.

– Dlaczego nie? – zapytał Tomek. – Czy codziennie chłopiec ma okazję pomalować płot?

To ukazało rzeczy w nowym świetle. Ben podszedł bliżej i zaczął przyglądać się Tomkowi.

– Tomku – powiedział po jakimś czasie – pozwól mi pomalować trochę.

Tom stopped and looked at Ben.

'I'm sorry, Ben, but I can't,' he said. 'My aunt Polly asked me especially to do this job, because nobody else can do it really well. My brother Sid wanted to do it, and she said 'No, only Tom can do it well.'

'Oh please, Tom!' said Ben. 'Let me try a little. If you let me, I'll give you my apple.'

Tomek wstrzymał pracę i spojrzał na Bena.

– Przykro mi Ben, ale nie mogę – powiedział. – Ciotka Polly mnie specjalnie o to poprosiła, bo nikt inny nie potrafi tego zrobić równie dobrze. Mój brat Sid też chciał, ale ona powiedziała: „Nie, tylko Tomek może to zrobić naprawdę dobrze".

– Och proszę, Tomku! – zawołał Ben. – Pozwól mi spróbować trochę. Jeśli pozwolisz, dam ci jabłko.

Tom stopped, looked at Ben, and slowly gave him the brush. For the next half an hour he was eating an apple, watching Ben working, and planning to employ more boys in the same way. And he did. When Ben got tired, Tom let Billy Fisher paint in exchange for a kite, then Johnny Miller sold his dead rat for half an hour of painting. By the afternoon the whole fence was painted three times, and Tom was richer than ever before. Apart from the kite and the rat, he got a fragment of chalk, a tin soldier, a piece of blue bottle glass, and lots of other boy treasures besides.

Aunt Polly could not believe her eyes when she saw the fence.

'Well, Tom,' she said. 'You work really well when you want to! Go and play now.'

Tom went swimming with the other boys. On his way back, while he was passing the house where Jeff Thatcher lived, he saw a new girl in the garden. She was beautiful, with blue eyes and her yellow hair in two long plaits. Tom immediately fell in love. Amy Lawrence, who he had loved for months, now disappeared from his heart. Now he loved this little angel with yellow hair.

He started to show off by standing on his hands or head, all to win her heart. The girl watched him for a few minutes, and then turned around

Tomek przestał malować, spojrzał na Bena i powoli podał mu pędzel. Przez następne pół godziny jadł jabłko i przyglądał się pracy Bena, planując zatrudnić więcej chłopców w ten sam sposób. I tak właśnie zrobił. Kiedy Ben się zmęczył, Tomek pozwolił Billowi Fisherowi pomalować płot w zamian za latawiec, potem Johny Miller wymienił zdechłego szczura za pół godziny malowania. Po południu cały płot był pokryty farbą trzykrotnie, a Tomek był bogatszy niż kiedykolwiek wcześniej. Oprócz latawca i szczura dostał kawałek kredy, cynowego żołnierzyka, kawałek szkła z niebieskiej butelki i wiele innych chłopięcych skarbów.

Ciocia nie mogła uwierzyć własnym oczom, kiedy zobaczyła ogrodzenie.

– Cóż, Tomku – powiedziała – kiedy chcesz, to potrafisz pracować. Idź i pobaw się teraz.

Tomek poszedł popływać z innymi chłopcami. W drodze powrotnej, gdy mijał dom, w którym mieszkał Jeff Thatcher, ujrzał w ogrodzie nieznajomą dziewczynkę. Była piękna, miała niebieskie oczy i jasne włosy splecione w dwa długie warkocze. Tomek od razu się zakochał. Amy Lawrence, którą kochał od miesięcy, natychmiast zniknęła z jego serca. Teraz zapałał miłością do tego małego aniołka z blond włosami.

Zaczął się popisywać stając na rękach i głowie, wszystko po to, aby zdobyć jej serce. Dziewczynka obserwowała go przez kilka minut, po czym odwróciła się

and was clearly going inside. Tom stopped, and ran up to the fence. The girl was at the door, but she stopped too, and threw a flower to him. Tom's heart was beating fast. He walked up to the flower. Then he stopped, saw that there were no boys around, picked up the flower with his toes, and hopped on one leg towards the trees, where no one could see him.

i zamierzała wejść do domu. Tomek zaprzestał pokazów i podbiegł do ogrodzenia. Dziewczynka była już przy drzwiach, ale zatrzymała się i rzuciła mu kwiatek. Serce Tomka zabiło szybciej. Podszedł do kwiatka. Przystanął, rozglądając się czy nie ma chłopaków w pobliżu, podniósł kwiatek palcami u nogi i skacząc na jednej nodze udał się w stronę drzew, tam gdzie nikt nie mógł go zobaczyć.

There he put the flower into his jacket next to his stomach (because he believed his heart was there).

Tom stayed around the girl's house all evening, showing off as before. But she never came out again. Tom was desperate. He felt he would die without her. The more he thought about it, the more he wanted to die. Finally, he jumped over the fence and quietly lay down on the grass. Next morning he would be dead, and everybody would be sorry for all the bad things they had done to Tom Sawyer. His aunt Polly, for example, would be very sorry she didn't give him the jam from the closet.

As he was imagining the whole town crying at his funeral, someone opened the window, Tom heard the servant's voice, and a bucket of water fell on the 'dead boy'. Tom jumped up, wet through, and ran home.

Tam schował kwiat pod kurtkę jak najbliżej żołądka (ponieważ wierzył, że jego serce jest właśnie tam).

Tomek kręcił się wokół domu dziewczynki przez cały wieczór, popisując się jak wcześniej. Ale już się nie pokazała. Tomek był zdesperowany. Czuł, że umrze bez niej. I im więcej o tym myślał, tym bardziej chciał umrzeć. Wreszcie przeskoczył przez płot i spokojnie położył się na trawie. Następnego ranka byłby martwy i wszystkim byłoby przykro za te wszystkie krzywdy wyrządzone Tomkowi Sawyerowi. Ciotka Polly, na przykład, nie mogłaby sobie darować, że nie dała mu dżemu ze spiżarni.

Kiedy tak wyobrażał sobie, jak całe miasto opłakuje go na pogrzebie, ktoś otworzył okno, Tomek usłyszał głos służącego i wiadro wody chlusnęło na „martwego chłopca". Tomek zerwał się cały mokry i pobiegł do domu.

II. IN WHICH WE FIND OUT WHAT HAPPENED IN THE GRAVEYARD

It was Monday morning and he was going to school. It was late, but Tom wasn't in a hurry. When he saw Huckelberry Finn, he stopped:

'Hello, Huck!'

'Hello,' answered Huck. 'How do you like this?'

'Oh, what is it?'

'A dead cat,' said Huck.

'Let me see it,' said Tom. 'Hmm, what are you going to do with it?'

'Cure warts,' said Huck.

'Really?' said Tom. 'And how do you do that?'

'Well, you take your cat,' said Huck. 'And at night you go to the graveyard where somebody bad was buried. About midnight the devil will come, but of course you won't see him. And then you say: „Devil follow the dead man, cat follow the devil, warts follow the cat." That will take any warts off you.'

'Sounds right,' said Tom. 'Have you ever tried it?'

'No, but I'm going to try it tonight, because I think the devil is going to come for Hoss Williams tonight.'

II. W KTÓRYM DOWIADUJEMY SIĘ, CO WYDARZYŁO SIĘ NA CMENTARZU

Był poniedziałkowy ranek i Tomek szedł do szkoły. Było późno, ale Tomkowi się nie spieszyło. Kiedy zobaczył Huckelberry Finna, przystanął:

– Cześć Huck!

– Cześć – odpowiedział Huck. – Podoba ci się?

– Och, co to takiego?

– Zdechły kot – odpowiedział Huck.

– Pozwól mi zobaczyć – poprosił Tomek. – Hmm, co masz zamiar z nim zrobić?

– Usunąć sobie brodawki – odparł Huck.

– Naprawdę? – zapytał Tomek. – A jak to się robi?

– No, bierzesz kota – powiedział Huck – idziesz z nim w nocy na cmentarz, gdzie pochowano kogoś złego. Około północy przyjdzie diabeł, ale oczywiście nie zobaczysz go. A potem mówisz: „Diable idź za zmarłym, kocie idź za diabłem, brodawki idźcie za kotem" I tak usuniesz sobie wszystkie brodawki

– Brzmi nieźle – powiedział Tomek. – A czy kiedykolwiek już tego próbowałeś?

– Nie, ale zamierzam dziś wieczorem, ponieważ sądzę, że diabeł przyjdzie dziś po Hossa Williamsa.

'Huck,' said Tom. 'Will you let me go with you?'

'If you're not afraid.'

'Afraid! Not I!' said Tom. 'Will you meow by my window?'

Huck agreed, and the boys said good bye till the evening.

When Tom was entering the school classroom, he was already half an hour late.

'Thomas Sawyer!' said the teacher when he saw Tom. 'Come here. Now, why are you late again?'

Tom was just going to tell a very good lie, but then he saw the girl with yellow plaits, and he changed his plan.

'I stopped to talk with Huckelberry Finn.'

The teacher could not believe his own ears, and neither could the pupils.

Had Tom Sawyer lost his mind? After such a confession there was no escaping the punishment. The teacher had no choice but to flog the boy's back. He did so, and then he said:

'Now, go and sit with the girls, Tom.'

A quiet laughter ran among the pupils. There was only one seat free among the girls, and it was next to the new girl with yellow hair. Tom sat there perfectly happy.

'What's your name?' he whispered.

'Becky Thatcher.'

Then Tom began to write something on his slate, hiding it from the girl.

– Huck – powiedział Tomek – mogę pójść z tobą?

– Jeśli się nie boisz.

– Bać się? Ja? Zamiauczysz pod moim oknem?

Huck się zgodził i chłopcy pożegnali się do wieczora.

Kiedy Tomek wchodził do szkolnej klasy, miał już pół godziny spóźnienia.

– Tomasz Sawyer! – zawołał nauczyciel na widok Tomka. – Chodź no tutaj. No więc, czemu znów się spóźniłeś?

Tomek chciał właśnie powiedzieć jakieś dobre kłamstwo, gdy zobaczył dziewczynkę o jasnych warkoczach i zmienił plan.

– Stanąłem, żeby pogadać z Huckiem Finnem!

Nauczyciel nie mógł uwierzyć własnym uszom, podobnie jak żaden z jego uczniów.

Czy Tomek Sawyer postradał zmysły? Po takim wyznaniu nie było ucieczki przed karą. Nauczyciel nie miał wyboru, jak tylko wychłostać mu plecy. Zrobił to, a następnie powiedział:

– Teraz idź i usiądź z dziewczętami, Tomaszu.

Cichy śmiech przebiegł przez klasę. Było tylko jedno wolne miejsce wśród dziewcząt – i to właśnie obok nowej dziewczynki o blond włosach. Tomek usiadł strasznie szczęśliwy.

– Jak się nazywasz? – zapytał szeptem.

– Becky Thatcher.

Wtedy Tomek zaczął coś pisać na swojej tabliczce, kryjąc to przed dziewczynką.

'Let me see it,' asked Becky.

'Oh, it's nothing, you don't want to see it.'

'I do, I won't tell anybody,' and she started to pull the slate. Tom pretended to stop her, but he didn't really, and soon Becky read: 'I love you.'

'Oh, you bad thing,' she said all red, but happy.

And Tom thought that school could be nice sometimes.

A quarter past midnight that night there was a quiet 'Meow!' outside Tom and Sid's window. Sid didn't hear it, but Tom, within a minute, was dressed and ready to jump out of the window. Huckelberry Finn was in the garden, with his dead cat. Half an hour later both boys were walking in the

– Mogę popatrzyć? – poprosiła Becky.

– Och, to nic takiego, nie chcesz tego widzieć.

– Ależ chcę, nie powiem nikomu – i zaczęła ciągnąć tabliczkę. Tomek udawał, że chce ją powstrzymać, oczywiście bez skutku, i wkrótce Becky przeczytała: „Kocham Cię!"

– Och, wstręciuchu! – powiedziała cała czerwona, ale szczęśliwa.

A Tomek pomyślał, że szkoła czasami bywa nawet miła.

Kwadrans po północy można było usłyszeć ciche miauczenie pod oknem Tomka Sawyera i Sida. Sid go nie słyszał, ale Tomek w ciągu minuty był ubrany i gotowy do skoku z okna. Huckelberry Finn czekał w ogrodzie, ze swoim zdechłym kotem. Pół godziny później obaj chłopcy szli przez

tall grass of the graveyard. Soon they found the grave that they were looking for. They sat behind the three trees next to it, and waited for the devil.

For some time it seemed like the devil wasn't going to come at all, but suddenly Tom heard something:

'Sh!'

'What is it, Tom?' whispered Huck.

'Sh! Again! Didn't you hear it?'

'Tom! They're coming! What shall we do?'

'I don't know. Will they see us?' asked Tom.

'Oh, Tom, they can see in the dark like cats.'

'Maybe if we don't move, they won't notice us.'

The boys were sitting, hugging each other, wishing they could stop breathing.

'Tom,' whispered Huck. 'They're humans, at least one of them is! It's Muff Potter's voice, and he is pulling a cart!'

'Huck! I know the other voice. It's Injun Joe.'

And the third voice belonged to the young Dr Robinson. All three men came up to Hoss Williams' grave and opened it. They took out the coffin, opened it, took out the body, and put it on the cart.

'Now, it's ready Doctor, but if you don't give us five dollars more, we're not taking it anywhere,' said Muff Potter.

'What?' said the doctor. 'But I've already paid you!'

wysoką trawę rosnącą na cmentarzu. Wkrótce znaleźli grób, którego szukali. Usiedli za trzema drzewami obok niego i czekali na diabła.

Przez jakiś czas wydawało się, że diabeł jednak nie przyjdzie, gdy nagle Tomek coś usłyszał:

– Psst…!

– Co to było, Tomku? – szepnął Huck.

– Pssst! Znowu! Nie słyszałeś?

– Tomku, idą tutaj. Co robimy?

– Nie wiem. Zobaczą nas? – spytał Tomek.

– Och, Tomku, oni widzą w ciemności jak koty.

– Może jak nie będziemy się ruszać, to nas nie zauważą.

Chłopcy siedzieli przytuleni do siebie, marząc o tym, by móc przez chwilę nie oddychać.

– Tomku – odezwał się szeptem Huck. – To są ludzie, przynajmniej jeden z nich. To głos Muffa Pottera, i ciągnie jakiś wózek!

– Huck! Znam ten drugi głos. To Indianin Joe.

Trzeci głos należał do młodego doktora Robinsona. Wszyscy trzej mężczyźni podeszli do grobu Hossa Williamsa i zaczęli kopać. Wyciągnęli trumnę, otworzyli ją, wydobyli ciało i umieścili je na wózku.

– Gotowe doktorze, ale jeśli nie dasz nam pięciu dolarów więcej, nigdzie go nie zabieramy – oświadczył Muff Potter.

– Co? – oburzył się doktor. – Przecież już wam zapłaciłem!

'Yes, and you've done more than that,' said Injun
Joe. 'Five years ago I came to your father's house
and asked you for some food. You told me to go
away. And your father put me in jail. Did you think
I would forget?' and he jumped towards the doctor
ready to fight.

But the doctor was quick and strong. He hit Injun
Joe so strongly that he fell to the ground. Muff Potter saw it, and shouted:

'Hey! Don't do that to my partner!' and he started
to fight with the doctor.

– Tak, zrobiłeś nawet więcej – odparł Indianin Joe. – Pięć lat temu przyszedłem do domu
twojego ojca i poprosiłem o coś do jedzenia.
Kazałeś mi odejść. A twój ojciec wsadził mnie
do więzienia. Myślisz, że mógłbym zapomnieć?
– I skoczył w stronę doktora gotowy do walki.

Ale ten był szybki i silny. Mocnym ciosem po-
walił Indianina Joe na ziemię. Muff Potter widząc to wykrzyknął:

– Hej! Nie rób tak mojemu kumplowi! – I rzucił się na doktora.

But Muff Potter was drunk, as usual, and the doctor pushed him away easily. Muff Potter fell to the ground and didn't move. A knife fell out of his pocket. Just then, Injun Joe got up, picked up Muff's knife and thrust it straight into the doctor's breast. At the same moment the two frightened boys started to quietly move away from behind the trees. They didn't see how Injun Joe put the knife into Muff Potter's hand, and how he sat on the grave, and waited.

Five minutes later, Muff Potter began to move. He felt his knife, looked at it, and saw the blood. His eyes met Injun Joe's:

'What happened, Joe?' he asked in a frightened voice.

'It's a dirty business,' said Joe. 'Why did you kill him?'

'I didn't!' said Muff.

'Oh, come on. Just look! You did!'

Muff looked at the doctor lying dead and then the knife in his hand and his face went white.

'Oh, Joe, honestly, I didn't want to ... Oh, it's so awful. He was so young!' cried Muff. 'Joe, you won't tell, will you?'

'No, you've always been fair with me, Muff Potter. Now, you go this way, and I go that way.'

And both men started to run.

Tom and Huck ran towards the town. They stopped by the first house, and sat down.

Ale Muff Potter jak zwykle był pijany i doktor z łatwością go odepchnął. Muff Potter upadł na ziemię i przestał się ruszać. Nóż wypadł z jego kieszeni. Właśnie wtedy Indianin Joe wstał, wziął nóż Pottera i wbił go prosto w pierś doktora. Przerażeni chłopcy zaczęli się powoli się wycofywać zza drzew. Nie widzieli, jak Indianin Joe umieścił nóż w ręce Muffa Pottera, usiadł na grobie i czekał.

Pięć minut później Muff Potter się poruszył. Poczuł w ręce nóż, spojrzał na niego i zobaczył krew. Jego oczy napotkały wzrok Indianina Joe.

– Co się stało, Joe? – spytał drżącym głosem.

– To brudna sprawa – powiedział Joe. – Dlaczego go zabiłeś?

– Nie zabiłem! – odparł Muff.

– Ach, daj spokój. Wystarczy spojrzeć! Zabiłeś go!

Muff spojrzał na leżącego martwego doktora, następnie na nóż w swojej ręce, i zbladł.

– Ach, Joe, szczerze, nie chciałem... Ach, to straszne. Był taki młody! – wykrzyknął Muff. – Joe, nie wydasz mnie, prawda?

– Nie. Zawsze byłeś wobec mnie w porządku, Potter. Teraz ruszaj w tę stronę, a ja pójdę w przeciwną.

I obaj mężczyźni zaczęli biec.

Tomek i Huck ruszyli pędem w stronę miasta. Zatrzymali się przy pierwszym domu i usiedli.

'Huck,' said Tom. 'What do you think is going to happen?'

'Someone will be hanged,' said Huck. Tom thought for a while. And then said:

'But who'll say that Injun Joe did it? Us?'

'No!' said Huck in horror. 'And what if something happens and Injun Joe escapes. He would kill us too!

Both boys sat in silence for a while.

'Hucky, are you sure you won't tell.'

'I won't, Tom, but we should both swear we won't.'

'With shaking hands?' asked Tom.

'No, with blood,' said Huck.

Tom took out a piece of paper and wrote:

'Huck Finn and Tom Sawyer swear they won't tell and wish they are dead if they do.'

Then fingers were cut and initials put down in blood.

– Huck – powiedział Tomek. – Jak myślisz, co się stanie?

– Ktoś będzie wisiał – odparł Huck.

Tomek pomyślał chwilę i powiedział:

– Ale kto powie, że to zrobił Indianin Joe? My?

– Nie! – odparł przerażony Huck. – A co jeśli coś się stanie i Indianin Joe ucieknie. Nas też zabije!

Obaj siedzieli przez chwilę w milczeniu.

– Huck, na pewno nie powiesz?

– Ja nie, ale obaj powinniśmy złożyć przysięgę, że tego nie zrobimy.

– Uściśnięciem dłoni? – zapytał Tomek.

– Nie, krwią – oznajmił Huck.

Tomek wziął kartkę papieru i napisał: „Huck Finn i Tomek Sawyer przysięgają, że nic nikomu nie powiedzą i prędzej umrą niż to zrobią".

Następnie nacięli sobie palce i krwią napisali swoje inicjały.

III. IN WHICH THE BOYS TURN INTO PIRATES

Tom dreamt all night about Injun Joe. When he woke up, he was really happy to go to school. There he would meet Becky and forget about the murder.

'Becky, have you ever been engaged?' Tom asked when all the other children had gone home after school.

'What is that?' asked Becky.

'It's before you get married,' said Tom seriously.

'And how do you do it?'

'Oh, you just say to a boy that you love him, and that you won't marry anybody else. And then you kiss, and that's it. Anybody can do it.'

'Kiss?' asked Becky. 'Why do you kiss?'

'I don't know, but they always do,' said Tom. 'And then, when you're engaged, you always hold hands when no one is looking, and you always dance together at parties. Me and Amy Lawrence...'

And here Tom stopped because he saw how the girl's eyes grew bigger in surprise.

'Oh, Tom! I'm not the first girl that you've

III. W KTÓRYM CHŁOPCY ZOSTAJĄ PIRATAMI

Tomek całą noc myślał o Indianinie Joe. Kiedy się obudził, był naprawdę szczęśliwy, że może iść do szkoły. Tam spotka Becky i zapomni o morderstwie.

– Becky, czy kiedykolwiek byłaś zaręczona? – zapytał Tomek, kiedy wszystkie pozostałe dzieci poszły już po szkole do domu.

– A co to znaczy? – spytała Becky.

– To zanim weźmiesz ślub – odparł Tomek poważnie.

– A jak to się robi?

– Oh, po prostu mówisz chłopcu, że go kochasz, i że nie poślubisz nikogo innego. Potem się całujecie i to wszystko. Każdy może to zrobić.

– Całować się? – zapytała Becky. – Ale po co?

– Nie wiem, ale wszyscy tak robią – powiedział Tomek. – A potem, gdy już są zaręczyny, zawsze trzyma się za ręce, kiedy nikt nie patrzy, i zawsze się tańczy razem na przyjęciach. Ja i Amy Lawrence...

Nagle przestał, bo zauważył, jak oczy dziewczyny rozszerzyły się ze zdziwienia.

– Ach, Tomku! Więc ja nie jestem pierwszą

ever been engaged to!' said Becky and she began to cry.

'Don't cry, Becky,' said Tom. 'I don't love her any more.'

'Yes, you do!' Becky screamed, and ran away.

By the afternoon, everybody thought that it was Muff Potter who had murdered Dr Robertson. Injun Joe was the only witness, and he spoke to the Sheriff and told him the story about the knife. Muff Potter was put in jail, where he would be waiting for the trial and hanging. Tom felt very bad about it. But he was too afraid to tell anybody that Injun Joe was lying. That night he had more nightmares about the murder.

The next day at school, Becky completely ignored him. Tom felt terrible. He felt he didn't have any friends, and nobody loved him anymore. He was not going to go to school that afternoon. He had already decided his future. He would escape from this horrible town, and he would become a pirate.

Just then he saw his friend, Joe Harper. Joe had also decided to escape from his family. His mother had shouted at him for stealing some cream, which he hadn't even seen. After such unfairness, Joe saw no choice for himself, but to join Tom as another pirate.

As they were discussing the possibilities of pirating on the Mississippi river, they met Huck Finn,

dziewczyną, z którą byłeś zaręczony! – powiedziała Becky i zaczęła płakać.

– Nie płacz, Becky – powiedział Tomek. – Już jej nie kocham.

– Właśnie, że kochasz! – krzyknęła Becky i uciekła.

Koło południa wszyscy byli przekonani, że to Muff Potter zabił doktora Robertsona. Indianin Joe był jedynym świadkiem i rozmawiając z szeryfem opowiedział mu historię o nożu. Muffa Pottera osadzono w więzieniu, gdzie miał oczekiwać na proces i stryczek. Tomek czuł się bardzo źle z tego powodu. Ale za bardzo się bał powiedzieć komukolwiek, że Indianin Joe kłamał. Tej nocy miał mnóstwo koszmarów o morderstwie.

Następnego dnia w szkole Becky zupełnie go ignorowała. Tomek czuł się okropnie. Czuł, że nie ma żadnych przyjaciół, i że nikt go już nie kocha. Nie pójdzie do szkoły tego popołudnia. Już postanowił, jaka będzie jego przyszłość. Ucieknie z tego okropnego miasta, zostanie piratem.

Wtedy właśnie spotkał swego przyjaciela, Joego Harpera. Joe również zdecydował się uciec z domu. Jego matka okrzyczała go za kradzież śmietany, której nawet nie widział. Po takiej niesprawiedliwości Joe nie widział dla siebie innego wyboru, jak tylko przyłączyć się do Tomka jako kolejny pirat.

Gdy omawiali możliwości oddania się piractwu na rzece Missisipi, spotkali Hucka Finna,

who had nothing against becoming a pirate either.

Together they decided, that the best place to start the new career was Jackson's Island, which lay three miles down the river. It wasn't big but it had a forest and no one ever went there. Then all the boys agreed to meet at midnight and bring some food with them, just in case.

który również nie miał nic przeciwko temu, by zostać piratem.

Wspólnie zdecydowali, że najlepszym miejscem na rozpoczęcie nowej kariery będzie Wyspa Jacksona, leżąca w odległości trzech mil w dół rzeki. Nie była duża, ale rósł na niej las i nikt tam nie chodził. Potem chłopcy postanowili spotkać się o północy i przynieść ze sobą jedzenie, tak na wszelki wypadek.

At midnight, they all met by the river. They needed to borrow a raft to get to the island. Luckily, they found one, and two hours later, after their first pirate-voyage, they landed at Jackson's Island. They made a fire, and sat around it, very satisfied with themselves.

'It's just the life for me,' said Tom. 'You don't have to get up in the morning, you don't have to go to school, or wash.'

'But what do pirates do?' asked Huck.

'Oh, they just take ships, and kill the men, and bury treasures on islands.' said Tom.

'But they don't kill women,' explained Joe. 'And the women are always beautiful and they fall in love with the pirates.'

By half past three in the morning, the three pirates were all asleep by the fire, and so none of them noticed that their raft moved down on the sand towards the river, and soon was floating down the Mississippi.

When they woke up the next morning, and saw that the raft was gone, they weren't unhappy about it. They didn't want to go back home anyway. They had a wonderful time all day. They went swimming, then they played clowns in the circus, then they caught some fish, then they swam again, and in the evening, they were sitting by the fire all tired and happy.

Suddenly, they heard a strange sound from the direction of the town. They ran to the other side of the

O północy wszyscy spotkali się nad rzeką. Żeby dostać się na wyspę, musieli pożyczyć tratwę. Na szczęście udało im się jedną znaleźć i dwie godziny później, odbywszy pierwszy piracki rejs, wylądowali na wyspie Jacksona. Rozpalili ogień, i usiedli wokół niego bardzo z siebie zadowoleni.

– To jest życie – powiedział Tomek. – Nie trzeba wstawać rano, nie trzeba chodzić do szkoły, ani się myć.

– Ale co robią piraci? – zapytał Huck.

– Och, po prostu zdobywają statki, zabijają ludzi i zakopują skarby na wyspach – odparł Tomek.

– Ale nie zabijają kobiet – wyjaśnił Joe. – A kobiety są zawsze piękne i zawsze zakochują się w piratach.

Około wpół do czwartej nad ranem, trzech piratów spało przy ogniu i żaden z nich nie zauważył, że ich tratwa zsunęła się po piasku do rzeki i spłynęła w dół Missisipi.

Kiedy obudzili się następnego ranka i zobaczyli ze tratwa zniknęła, wcale ich to nie zmartwiło. I tak nie zamierzali wracać do domu. Wspaniale się bawili przez cały dzień. Poszli popływać, potem bawili się w klaunów z cyrku, następnie złapali kilka ryb, i znów poszli popływać, a wieczorem zasiedzieli przy ognisku zmęczeni, ale szczęśliwi.

Nagle usłyszeli dziwny dźwięk od strony miasta. Pobiegli na drugą stronę wyspy, żeby zobaczyć co

island to see what was happening. They saw a lot of
people there on the other bank of the river. It seemed
like they were looking for something in the river.

'I know!' exclaimed Tom. 'Somebody has drowned!'

'That's true,' said Huck. 'They were doing the
same things last year, when Bill Turner drowned.'

Then a thought ran through Tom's head.

'Boys!' he exclaimed. 'I know who has
drowned. It's us.'

się dzieje. Mnóstwo ludzi kręciło się na drugim brzegu rzeki. Wydawało się, że czegoś szukają w rzece.

– Wiem – wykrzyknął Tomek. – Ktoś się utopił!

–To prawda – rzekł Huck. – Tak samo było w zeszłym roku, kiedy utopił się Bill Turner.

Wtedy przez głowę Tomka przebiegła myśl.

– Chłopaki! – zawołał. – Już wiem, kto utonął. My.

All three of them felt like heroes. It was a great triumph. After years of calling them bad boys, people finally missed them, cried after them, and were sorry for all the bad things they had thought about them. They felt it was the best thing about being pirates. Joe and Huck fell asleep happier than ever before.

But Tom couldn't sleep. He had a different plan for the evening. He got up, and quietly went to the side of the island which was closest to the land, and swam across. He knew that there was a ferry which would go up to town in half an hour. It was the last trip that day. The ferry was empty, and at that time no one checked the tickets, so Tom travelled home without anybody noticing.

At about ten o'clock, Tom was standing outside the windows of his house, watching the people inside. There was his aunt Polly and Mrs Harper, Joe's mother. They were sitting with their backs to the window and they were both crying. Tom, as quietly as he could, went in through the window and hid behind the sofa.

'He wasn't a bad boy,' his aunt was saying. 'And he had the biggest heart.'

'Just like my Joe,' whispered Mrs Harper. 'Such a good boy. And I shouted at him for stealing the cream, and now I remember I threw it out myself!' and she cried loudly.

Wszyscy trzej poczuli się jak bohaterowie. To był wielki tryumf. Przez lata nazywano ich nieznośnymi chłopakami, a teraz ludzie w końcu zaczęli za nimi tęsknić, płakać, i było im przykro, że często tak źle o nich myśleli. Poczuli, że dla takich chwil warto być piratem. Joe i Huck zasnęli szczęśliwsi niż kiedykolwiek.

Ale Tomek nie mógł spać. Miał inne plany na wieczór. Wstał i cicho poszedł na ten brzeg wyspy, który znajdował się najbliżej lądu i przepłynął rzekę. Wiedział, że prom do miasta będzie w ciągu najbliższej pół godziny. Był to ostatni kurs w tym dniu. Prom był pusty; o tej porze nikt nie sprawdzał biletów, więc Tomek podróżował do domu niezauważony przez nikogo.

Około dziesiątej Tomek stał pod oknami swojego domu, obserwując ludzi w środku. Była tam ciotka Polly i pani Harper, matka Joego. Siedziały plecami do okna i obie płakały. Tomek tak cicho, jak tylko mógł, wszedł do domu przez okno i schował się za kanapą.

– Nie był złym chłopcem – mówiła jego ciotka. – I miał ogromne serce.

– To dokładnie tak jak mój Joe – powiedziała cicho pani Harper. – Taki dobry chłopak. I nakrzyczałam na niego za kradzież śmietany, a teraz przypomniałam sobie, że sama ją wyrzuciłam! – zaszlochała głośno.

Tom continued listening, and soon he found out that the day before, someone had found an empty raft down the river, and so everybody thought the boys must have drowned. The police would be looking for their bodies till Sunday, and if they didn't find them, the funeral would take place on Sunday morning.

After Mrs Harper had finally left, his aunt cried on her own for a little while. Finally, she went to bed. When he was sure that she was asleep, Tom quietly left the house and walked back to the ferry, making another plan in his head.

Tomek słuchał dalej i wkrótce okazało się, że dzień wcześniej ktoś znalazł pustą tratwę w dole rzeki, a więc wszyscy myśleli, że chłopcy musieli utonąć. Policjanci będą szukać dalej ciał, ale jeśli ich nie znajdą, pogrzeb odbędzie się w niedzielę rano.

Po wyjściu pani Harper ciotka jeszcze chwilę popłakała sama, potem poszła spać. Kiedy Tomek upewnił się, że zasnęła, po cichu wyszedł z domu i ruszył z powrotem w kierunku promu, układając w głowie nowy plan.

IV. IN WHICH TOM SAVES BECKY

At seven o'clock on Friday morning, Tom hid on the first ferry back to the Island. When he reached the campsite, the other pirates had already been looking for him for some time. They were worried and wanted to go home. But when Tom told them about his new plan, they got excited again.

They started to play and swim. But by the evening all of them were homesick. They were sitting around the fire in silence. On Saturday, it was even worse. They didn't even feel like playing anymore.

'It's terrible,' said Joe. 'I don't even want to swim when there's nobody telling me that I can't.'

On Sunday morning, the whole town came to church for the lost boys' funeral. Everyone was crying. The priest, as he was talking about the boys, drew such pictures of perfection that he started to cry himself.

Then, suddenly, there was some noise at the back of the church. The priest stopped, and stood with his mouth open in surprise. Everybody turned around. The three boys were standing at the door, a bit dirty but perfectly healthy and happy. This had been Tom's plan - to go back home for their own funeral. Their triumph was now complete.

IV. W KTÓRYM TOMEK RATUJE BECKY

O siódmej rano w piątkowy poranek Tomek ukrył się na pierwszym promie, by powrócić na wyspę. Gdy dotarł na kemping, piraci szukali go już od jakiegoś czasu. Martwili się i chcieli wracać do domu. Ale wtedy Tomek opowiedział im swój nowy plan i ponownie rozbudziły się w nich emocje.

Zaczęli się bawić i pływać. Ale wieczorem wszyscy zatęsknili za domem. Siedzieli wokół ogniska w milczeniu. W sobotę było jeszcze gorzej. Nie chcieli się już nawet dłużej bawić.

– To straszne – powiedział Joe. – Nawet nie chce mi się pływać, gdy nikt mi tego nie zabrania.

W niedzielę rano całe miasteczko przyszło do kościoła na pogrzeb chłopców. Wszyscy płakali. Pastor przedstawił tak wspaniały obraz cnót zaginionych, że aż sam zapłakał.

Wtem nagle dał się słyszeć jakiś hałas na tyłach kościoła. Ksiądz przerwał i stanął z ustami otwartymi ze zdziwienia. Wszyscy się odwrócili. Trzech chłopców stało w drzwiach, trochę brudnych, ale zupełnie zdrowych i szczęśliwych. To był właśnie plan Tomka – wrócić do domu na własny pogrzeb. Mogli teraz ogłosić swój pełny triumf.

A moment later, Tom was hugging Aunt Polly, and Joe was hugging his mother. Everybody was laughing and crying at the same time. Only Huck stood in the middle of the church, looking around nervously.

'Aunt Polly!' exclaimed Tom. 'That's not fair. Somebody has to be happy to see Huck.'

'Of course, we're all happy to see him!' cried Aunt Polly, and suddenly within half an hour Huck received more love than he had done in his whole life.

The next day at school, all the children treated Tom and Joe like real heroes. Becky Thatcher clearly forgave Tom for everything and wanted to be friends again. She was sending him smiles whenever he was looking in her direction. But Tom decided to ignore her. Whenever she was looking at him he talked to Amy Lawrence.

W chwilę później ciotka Polly tuliła Tomka, a Joe
był przytulany przez matkę. Wszyscy śmiali się i płakali jednocześnie. Tylko Huck stał na środku kościoła,
rozglądając się nerwowo.

– Ciociu! – krzyknął Tomek. – To nie w porządku. Ktoś musi być szczęśliwy widząc Hucka!

– Oczywiście, wszyscy jesteśmy szczęśliwi widząc go!
– zawołała ciocia. I zaraz potem, w ciągu pół godziny,
Huck otrzymał więcej miłości niż przez całe życie.

Następnego dnia w szkole wszystkie dzieci
traktowały Tomka i Joego jak prawdziwych bo-
haterów. Becky Thatcher wybaczyła wszystko
Tomkowi i znów chciała, by zostali przyjaciółmi.
Uśmiechała się do niego za każdym razem, kiedy
patrzył w jej kierunku. Ale Tomek postanowił ją
ignorować. Kiedy patrzyła w jego stronę, rozma-
wiał z Amy Lawrence.

Finally it was too much for Becky. She couldn't stand it. She turned around and went to find Alfred Temple. He was her plan for revenge.

Once Becky had done, Tom didn't want to speak to Amy any more. So he left her, and went to look for Becky. He found her on the other side of the school garden sitting on a bench with Alfred Temple, and looking at pictures in a book. Tom was really jealous and walked off in a bad mood.

When Tom wasn't there, Becky suddenly lost all interest in the book and in Alfred's comments.

'I don't care for these pictures!' she exclaimed in anger. 'Oh, leave me alone. I hate you.'

And with this, she jumped up, pushed away the book and left the surprised Alfred alone on the bench. She wanted to be alone too. She went to the empty classroom. She sat on her chair, then stood up and started to walk around. Suddenly she saw the key to the teacher's drawer. Everybody knew that in this drawer Mr Dobbins had a book which he read everyday in class when he didn't have to speak to the pupils. But nobody knew what kind of book it was. Becky saw the chance of solving this great mystery. She turned the key, opened the drawer, and took out the book. It was an old anatomy book. Everybody had forgotten that Mr Dobbins once wanted to be a doctor.

As she was standing with the opened book in

W końcu przebrała się miarka. Becky nie mogła tego dłużej znieść. Odwróciła się i ruszyła na poszukiwanie Alfreda Temple, planując zemstę.

Becky wprowadzała swój plan w życie, tymczasem Tomek znudził się rozmową z Amy. Zostawił ją i poszedł poszukać Becky. Znalazł ją po drugiej stronie ogrodu, jak siedziała na ławce z Alfredem Tepmle i razem z nim przeglądała obrazki w książce. Tomek poczuł palącą zazdrość i odszedł w podłym nastroju.

Kiedy Tomka już nie było, Becky nagle straciła zainteresowanie książką i komentarzami Alfreda.

– Nie obchodzą mnie za te obrazki! – zawołała gniewnie. – Oh, zostaw mnie. Nienawidzę cię.

Podskoczyła, odsunęła książkę i zostawiła zdumionego Alfreda samego na ławce. Również chciała być sama. Weszła do pustej klasy. Siedziała chwilę na krześle, potem wstała i zaczęła chodzić w kółko. Nagle zobaczyła klucz od szuflady nauczyciela. Każdy wiedział, że w tej szufladzie pan Dobbins trzyma książkę, którą czytał codziennie w klasie, kiedy nie musiał mówić do uczniów. Nikt jednak nie wiedział, co to była za książka. Becky dostrzegła szansę na rozwiązanie tej wielkiej tajemnicy. Przekręciła klucz, otworzyła szufladę i wyjęła książkę. Był to stary podręcznik do anatomii. Wszyscy zapomnieli, że pan Dobbins chciał być kiedyś lekarzem.

W chwili gdy stała z otwartą książką w dłoniach,

her hands, Tom Sawyer came into the classroom. She wanted to put the book back into
the drawer as fast as possible but while doing
so she tore a page with a picture in half. She
turned all red. That was a crime that meant
terrible whipping!

'Oh, what shall I do? I've never been whipped at
school before,' she cried. 'Oh, Tom Sawyer, you
are a terrible person, now you're going to tell Mr
Dobbins I did it! Oh, Tom you're so awful!'

At that moment, all the other children came into
the classroom, followed by Mr Dobbins. Everybody
sat in their places, and opened their books. Everyone
apart from Tom and Becky who were watching the
teacher's every move.

Mr Dobbins looked bored. He looked out of
the window for a while, then he looked at his
shoes for five long minutes. Then he yawned,
looked at the drawer, opened it and slowly
took out his book. A few seconds later, his face
turned red in anger.

'Who touched my book?'

No sound.

'Benjamin Rogers. Did you do it?'

'No, sir.'

'Joseph Harper, did you?'

'No, sir.'

The teacher looked at the boys' benches, thought
for a minute, then turned to the girls.

do klasy wszedł Tomek Sawyer. Chciała odłożyć jak najszybciej książkę do szuflady, ale z pośpiechu przedarła jedną z ilustracji niemal na pół. Odwróciła się cała czerwona. To była zbrodnia, za którą czekała ją straszliwa kara chłosty!

– O rany, i co ja mam teraz zrobić? Nigdy wcześniej nie dostałam batów w szkole. – Och Tomku, jesteś straszny! Pewnie zamierzasz teraz naskarżyć panu Dobbinsowi, że to ja to zrobiłam. Och Tomku, jesteś taki okropny!

W tym momencie do klasy weszły pozostałe dzieci, a za nimi pan Dobbins. Wszyscy usiedli na swoich miejscach i otwarli książki. Wszyscy z wyjątkiem Tomka i Becky, którzy obserwowali każdy ruch nauczyciela.

Pan Dobbins wyglądał na znudzonego. Popatrzył przez chwilę przez okno, po czym przyglądał się swoim butom przez pięć długich minut. Następnie ziewnął, spojrzał na szufladę, otworzył ją i powoli wyjął książkę. Kilka sekund później jego twarz zaczerwieniła się ze złości.

– Kto brał moją książkę?

Cisza.

– Benjamin Rogers! Czy to ty zrobiłeś?

– Nie, proszę pana.

– Joseph Harper, a może ty?

– Nie, proszę pana.

Nauczyciel patrzył na ławki chłopców, myślał przez chwilę, po czym odwrócił się do dziewczynek.

'Amy Lawrence, did you?'

No again.

'Gracie Miller?'

No. The next girl was Becky. Tom watched her and knew she would cry in a second.

'Rebecca Thatcher, did you tear this book?'

Then a thought ran through Tom's head. He jumped up and said:

'I did it, sir.'

The whole school looked at Tom. Had he lost his mind? But Tom received his whipping patiently, without a word of complaint, because he knew who would be waiting for him after school.

– Amy Lawrence, czy to ty?

Znów usłyszał odmowną odpowiedź.

– Gracie Miller?

Nie. Następna była Becky. Tomek patrzył na nią i wiedział, że za chwilę się rozpłacze.

– Rebecca Thatcher, czy to ty podarłaś tę książkę?

Wtedy myśl przebiegła przez głowę Tomka. Gwałtownie wstał i oznajmił:

– Ja to zrobiłem, proszę pana.

Cała klasa spojrzała na Tomka. Czyżby stracił rozum? Ale Tomek przyjął karę chłosty cierpliwie, bez słowa skargi, bo wiedział, kto będzie na niego czekał po szkole.

That evening, when Tom was falling asleep, Becky's last words were still ringing in his ears.

'Oh, you're so noble, Tom.'

After the boys had been lost and then found, now the town had some new excitement. Everybody was waiting for Muff Potter's trial. Tom and Huck were waiting for it too. And they were more nervous than anybody else because they knew something which nobody else knew. It was three days before the trial when Tom decided to speak to Huck.

'Huck?' he asked seriously. 'Have you ever told anybody about 'you know what'?'

'Of course I haven't. We wouldn't live for two days if Injun Joe found out about it. You know that.'

'Yes, I know,' said Tom. 'But don't you feel sorry for Muff sometimes?'

'Yes, and everybody says he's a murderer, and they hate him. But he is a good man really, only drinks too much. He gave me half a fish once.'

'Yes, Huck, and he repaired my kite. And he's not the murderer.'

And the two boys went in the direction of the jail. They stopped under Muff's window, and threw some tobacco into his cell.

'Thank you, boys!' called a sad voice from inside, and Tom felt how his heart hurt.

Tego wieczoru, gdy Tomek zasypiał, ostatnie słowa Becky nadal dzwoniły mu w uszach: „Och, jesteś taki szlachetny, Tomku".

Po tym, jak chłopcy się zagubili, a następnie odnaleźli, emocje w mieście wzbudziła nowa sprawa. Wszyscy czekali na rozprawę Muffa Pottera. Tomek i Huck również na nią czekali. I byli bardziej zdenerwowani niż ktokolwiek inny, ponieważ wiedzieli coś, czego nikt inny nie wiedział. Na trzy dni przed procesem Tomek postanowił porozmawiać z Huckiem.

– Huck, czy kiedykolwiek coś komuś powiedziałeś? Wiesz o czym – zapytał poważnie.

– Oczywiście, że nie. Nie przeżylibyśmy dwóch dni, gdyby Indianin Joe się o tym dowiedział. Wiesz o tym.

– Tak, wiem – odparł Tomek. – Ale nie żal ci czasem Muffa?

– Tak, tym bardziej, że każdy myśli, że jest zabójcą, i go nienawidzą. Ale on jest naprawdę dobrym człowiekiem, tylko za dużo pije. Dał mi kiedyś pół ryby.

– Tak, Huck, a mnie naprawił latawiec. I on nie jest mordercą.

I obaj chłopcy poszli w kierunku więzienia. Zatrzymali się pod oknem Muffa i wrzucili mu trochę tytoniu do celi.

– Dziękuję wam, chłopcy! – odezwał się smutny głos zza krat, a Tomek poczuł, jak zabolało go serce.

V. IN WHICH TOM BECOMES A HERO AGAIN AND THE TREASURE HUNT BEGINS

For the next two days, the boys felt really bad. Neither of them could sleep. They spent all their time around the court, hoping to hear some good news about Muff Potter. But there was no good news.

The evening before the trial, it was clear that there was no hope for Muff. Everybody was sure that he was the murderer. Tom couldn't sleep that night. He went out and came back late.

The next day, all the town came to the court-room. Muff Potter was there with a white, sad face, and Injun Joe was there too, as the prosecution witness. He was asked to speak first. When he finished, Potter's lawyer said:

'I have no questions to ask him.'

'In that case,' said the prosecutor. 'We believe we have proven the prisoner guilty and we rest our case here.'

Then, Potter's lawyer stood up and said:

'Your Honor, we will prove that our client is not guilty at all.

Then he turned around to the clerk.

'Call Thomas Sawyer.'

V. W KTÓRYM TOMEK ZNÓW JEST BOHATEREM I ZACZYNA SIĘ POSZUKIWANIE SKARBU

Przez następne dwa dni chłopcy czuli się naprawdę źle. Żaden z nich nie mógł spać. Spędzali cały swój wolny czas w pobliżu sądu, mając nadzieję usłyszeć jakieś dobre wieści o Muffie Potterze. Ale nie było dobrych wiadomości.

Dzień przed rozprawą było jasne, że nie ma nadziei dla Muffa. Wszyscy byli przekonani, że jest mordercą. Tomek nie mógł spać tej nocy. Wyszedł z domu i wrócił bardzo późno.

Następnego dnia wszyscy mieszkańcy udali się do sądu. Był tam już Muff Potter, blady i smutny; był tam też Indianin Joe, w roli świadka oskarżenia. Został poproszony o zabranie głosu jako pierwszy. Gdy skończył, obrońca Pottera oświadczył:

– Nie mam do niego żadnych pytań.

– W takim razie – powiedział prokurator – wierzymy, że udowodniliśmy oskarżonemu winę, i możemy na tym zakończyć naszą sprawę.

Wówczas adwokat Pottera wstał i powiedział:

– Wysoki Sądzie, udowodnimy, że nasz klient jest niewinny.

Potem odwrócił się do urzędnika i zawołał:

– Wezwać Tomka Sawyera.

Nobody had expected that. Everybody was looking at Tom, as he took his place next to the judge.
  'Thomas Sawyer, where were you on the sev-
enteenth of June, about the hour of midnight?'
asked the lawyer.
  Tom looked at Injun Joe's face, and he got so
frightened that he couldn't say anything.
  'Don't be afraid,' said the lawyer.

Nikt się tego nie spodziewał. Każdy patrzył na Tomka, gdy zajmował miejsce obok sędziego.

– Tomku Sawyerze, gdzie byłeś dnia siedemnastego czerwca o północy? – zwrócił się do niego adwokat.

Tomek spojrzał na twarz Indianina Joe i tak się przestraszył, że nie mógł nic powiedzieć.

– Nie bój się – powiedział adwokat.

'I – I – ' stammered Tom. 'I was in the graveyard.'

'Were you near Hoss Williams's grave?'

'Yes, sir.'

Injun Joe's face turned a bit whiter.

'Now what did you see there, boy?

And Tom began his story, first slowly, then more easily. Everyone was looking at him and listening to every word he said. When the story was close to the end, and Tom said:

'And then Injun Joe took Muff's knife, and jumped towards the doctor —'

Crash! Quick as a flash, Injun Joe jumped through the closed window. Pieces of glass fell around, and the murderer was gone.

Tom was the hero again. His name even appeared in the newspaper. During the days, he was happy he had saved Muff's life, but at nights he was sorry he had done so. All his dreams, if he slept at all, were about Injun Joe. Both him and Huck were sure the murderer would come back to town to take revenge.

But time passed, the school finished, holidays started, and the boys began to forget about their fear. Soon the circus came and brought lots of excitement to the boys' lives. Then an old Spanish beggar appeared in town. He was deaf and dumb, and none of the boys had ever seen a dumb person before, so he was very interesting too. All in all, their lives were slowly getting back to normal.

– Ja... Ja... – wyjąkał Tomek. – Byłem na cmentarzu.

– Czy byłeś w pobliżu grobu Hossa Williamsa?

– Tak, proszę pana.

Indianin Joe pobladł.

– I co tam widziałeś, chłopcze?

I Tomek rozpoczął swoją opowieść, najpierw powoli, potem coraz swobodniej. Wszyscy patrzyli na niego, chłonąc każde jego słowo. Kiedy historia zbliżała się do końca, Tomek powiedział:

– A potem Indianin Joe wziął nóż Muffa i rzucił się na doktora.

Trach! Indianin Joe zerwał się niczym błyskawica i wyskoczył przez zamknięte okno. Podłoga pokryła się kawałkami szkła, a morderca zniknął.

Tomek znów został bohaterem. Jego imię ukazało się nawet w gazecie. W ciągu dnia czuł się szczęśliwy że uratował Muffa, ale w nocy żałował, że to zrobił. Wszystkie jego sny, o ile tylko zasnął, były o Indianinie Joe. Obaj wraz z Huckiem byli pewni, że morderca wróci do miasta, żeby się zemścić.

Ale czas mijał, szkoła się skończyła, zaczęły się wakacje i chłopcy powoli zapominali o strachu. Wkrótce przyjechał cyrk i wprowadził do życia chłopców wiele emocji. Wówczas pojawił się w mieście stary Hiszpan, żebrak. Był głuchy i niemy, a żaden z chłopców nigdy nie widział wcześniej niemego człowieka, więc i on stał się dla nich atrakcją. W sumie ich życie wracało powoli do normalności.

And it is perfectly normal for a boy to feel, at some point in his life, a strong desire to dig up hidden treasure.

This desire suddenly came upon Tom one day. He shared his thoughts with Huck, and Huck agreed that treasure digging was a very good idea.

'But where shall we dig?' he asked.

'Oh, the treasure is always hidden in special places: sometimes on islands, or under dead trees, but most often under the floors in haunted houses. So I think we could try this haunted house up the hill.'

'I agree,' said Huck. 'But not today, it's late and with the ghosts it wouldn't be safe.'

'True,' said Tom. 'Let's meet there tomorrow at noon.'

But the next day, they found that even at noon, haunted houses were quite scary. They left their tools at the back of the house, and looked around the dirty rooms with no glass in the windows and no floor on the ground. They went upstairs, but it was no better there. They were just going to go down again and start digging, when suddenly they heard some voices. They fell flat on the floor and waited.

Through the holes in the floor, the boys saw two men come into the house. One of them was the deaf and dumb Spaniard, but they had never seen the other man before. The Spaniard's face

Całkiem zrozumiałe jest, że chłopiec w pewnym momencie swojego życia odczuwa silne pragnienie odnalezienia jakiegoś skarbu.

Pewnego dnia właśnie to pragnienie opanowało Tomka. Podzielił się myślami z Huckiem, a Huck przyznał, że szukanie skarbu to bardzo dobry pomysł.

– Ale gdzie będziemy kopać? – zapytał.

– Och, skarb jest zawsze ukryty w specjalnych miejscach, czasem na wyspach albo w martwych drzewach, ale najczęściej pod podłogami w nawiedzonych domach. Myślę więc, że moglibyśmy spróbować w tym nawiedzonym domu na wzgórzu.

– Zgoda – odrzekł Huck. – Ale nie dzisiaj, bo jest już późno, a z duchami nigdy nie wiadomo.

– Racja – powiedział Tomek. – Spotkajmy się tam jutro w samo południe.

Ale następnego dnia okazało się, że nawet w południe nawiedzone domy były dość przerażające. Zostawili swoje narzędzia z tyłu domu i rozejrzeli się po brudnych izbach bez szyb w oknach i bez podłóg. Poszli na górę, ale tam również nie było lepiej. Właśnie zamierzali zejść na dół, żeby rozpocząć kopanie, gdy usłyszeli nagle czyjeś głosy. Położyli się płasko na podłodze i czekali.

Przez otwory w deskach chłopcy zobaczyli dwóch mężczyzn wchodzących do domu. Jednym z nich był głuchoniemy Hiszpan, ale drugiego mężczyzny nie widzieli nigdy wcześniej. Twarz Hiszpana

was all covered with white beard, and he had a big sombrero on his head.

'No,' said the other man, 'I don't want to do it. It's too dangerous.'

'Dangerous!' exclaimed the 'deaf and dumb' Spaniard. 'Easy!'

The boys' hearts stopped because in the Spaniard's voice they recognized the voice. It was Injun Joe.

After a long silence, Injun Joe said:

'We'll talk about it later. Now I need some sleep. And it's your turn to watch.'

była niemal w całości zakryta białą brodą, a na głowie miał wielkie sombrero.

– Nie – odezwał się ten drugi. – Nie chcę tego robić. To zbyt niebezpieczne.

– Niebezpieczne! – wykrzyknął „głuchoniemy" Hiszpan. – Nie pękaj!.

Serca chłopców zamarły, ponieważ rozpoznali głos Hiszpana. To był Indianin Joe.

Po długim milczeniu Indianin Joe powiedział:

– Porozmawiamy o tym później. Teraz muszę się przespać. Twoja kolej na czuwanie.

The other man agreed, but he was sleepy too, and half an hour later both men were fast asleep.

The boys were still lying on the floor, watching the sleepers. They were too afraid too move even their fingers.

An hour later, Injun Joe woke up. He saw the other man asleep, and kicked him.

'Hey, you are the watchman, aren't you?' said he. 'Anyway, we've got to move now.'

'Right.' said the other man. 'But what shall we do with the money?'

'We'll leave it here, as always.' said Injun Joe. Then he thought for a while and said:

'But this time we'll bury it.'

'Good idea,' said the other man. 'It's six hundred dollars after all.'

And they both took out their knives and started to dig a hole in the floor of the house. The boys were watching their every movement. What luck! There was treasure being buried in front of them. Now they would now for sure where to dig.

Suddenly, Injun Joe's knife struck upon something.

'Man, it's a box!' he said. He put his hand down the hole. 'And there's money in it!'

The boys upstairs were just as excited as the men downstairs.

'There are some old tools at the back of the house,' said Injun Joe to the other man. 'Quick! Bring them here.'

Tamten się zgodził, ale kleiły mu się oczy i pół godziny później obaj pogrążeni byli w głębokim śnie.

Chłopcy nadal leżeli na podłodze, patrząc na śpiących. Byli zbyt przerażeni, by poruszyć choćby palcami.

Godzinę później Indianin Joe obudził się. Zobaczył swojego kompana śpiącego i kopnął go.

– Hej, jesteś na czatach, tak? – powiedział. – Musimy się zaraz zbierać.

– Jasne – odpowiedział ten drugi. – Ale co zrobimy z pieniędzmi?

– Zostawimy je tutaj, jak zawsze – powiedział Indianin Joe. Potem pomyślał chwilę i rzekł:

– Ale tym razem je zakopiemy.

– Dobry pomysł – zgodził się ten drugi. – To w końcu sześćset dolców.

I obaj wyjęli noże i zaczęli kopać dziurę w klepisku izby. Chłopcy obserwowali ich każdy ruch. Co za szczęście! Skarb właśnie był zakopywany na ich oczach. Teraz już na pewno będą wiedzieli, gdzie kopać.

Nagle nóż Indianina Joe w coś uderzył.

– Człowieku, to skrzynia – oznajmił i wsadził rękę do dziury. – I są w niej pieniądze!

Chłopcy byli na górze tak samo podekscytowani, jak mężczyźni na dole.

– Widziałem kilka starych narzędzi z tyłu domu – rzekł Indianin Joe do drugiego. – Szybko! Przynieś je tutaj.

Ten minutes later, the old wooden box stood open in the middle of the room.

'Man, there's thousands of dollars there,' exclaimed the other man. 'Now you won't need to do this job.'

'Oh, you don't know me.' said Injun Joe with a nasty smile. 'It's not just a robbery. It's revenge. And I'll need your help with it.'

'Well, all right,' said the other man. 'But what shall we do with this? Bury it all again?'

'No, there's too much of it. We'll take it to my hiding place number two, under the cross!'

'Good. Let's go then.'

'Wait!' said Injun Joe. 'We didn't check upstairs. Maybe someone is there.'

Dziesięć minut później, stara drewniana skrzynia stała otwarta na środku pokoju.

– Człowieku, tu są tysiące dolarów! – zawołał drugi mężczyzna. – Teraz nie musisz już brać się za tamtą robotę.

– Nie znasz mnie – rzekł Indianin Joe z paskudnym uśmiechem. – Nie chodzi tylko o kradzież. To też zemsta. I będę potrzebował do niej twojej pomocy.

– No dobrze – odparł tamten. – Ale co mamy z tym zrobić? Zakopać wszystko z powrotem?

– Nie, jest tego za dużo. Weźmiemy to do kryjówki numer dwa, pod krzyżem!

– Dobra. Ruszajmy zatem.

– Poczekaj! – powiedział Indianin Joe. – Nie sprawdziliśmy na górze. Może tam ktoś jest.

VI. IN WHICH HUCK SAVES WIDOW DOUGLAS

When the boys heard that Injun Joe was going to come up the stairs, their faces turned white. Through the holes in the floor, they watched terrified as he took out his knife, walked slowly towards the stairs and began climbing. They were sure they were going to die, when they heard a loud CRASH! of the stairs breaking, and saw Injun Joe falling back on the floor below.

The other man helped him to stand up again, and said:

'Leave it, Joe. There's nobody up there. It's getting dark. Let's go!'

It was only after the two men had left the house, that the boys could breathe again. They were sorry that the treasure had escaped them so easily, but they didn't feel strong enough to follow the robbers that night. They decided they would look out for the 'deaf and dumb' Spaniard, and try to follow him to his hiding place number two, under the cross.

Suddenly, a thought ran through Tom's head.

'Huck? He said 'revenge'! What if he means us?'

'Oh, no!' exclaimed Huck. 'Don't say that!'

VI. W KTÓRYM HUCK RATUJE WDOWĘ DOUGLAS

Kiedy chłopcy usłyszeli, że Indianin Joe ma zamiar wejść po schodach na górę, ich twarze pobladły. Przez otwory w podłodze patrzyli z przerażeniem, jak wyjmuje nóż, podchodzi wolno do schodów i zaczyna pokonywać stopnie. Byli pewni, że zaraz zginą, gdy nagle usłyszeli głośny huk zapadających się schodów i zobaczyli Indianina Joe spadającego piętro niżej.

Drugi mężczyzna pomógł mu wstać i powiedział:

– Zostaw to, Joe. Nie ma tam nikogo. Robi się ciemno. Chodźmy!

Gdy mężczyźni opuścili dom, chłopcy odetchnęli z ulgą. Było im żal, że skarb uciekł im sprzed nosa tak łatwo, ale nie czuli się na siłach, by śledzić złodziei w nocy. Postanowili zwrócić baczniejszą uwagę na „głuchoniemego" Hiszpana, a także postarać się go śledzić i w ten sposób trafić do kryjówki numer dwa, pod krzyżem.

Nagle złowroga myśl przebiegła przez głowę Tomka.

– Huck? On powiedział „rewanż". A co jeśli miał nas na myśli?

– O nie! – zawołał Huck. – Nawet tego nie mów!

They talked it over on the way back to town,
and finally decided that maybe Injun Joe meant
somebody else after all.

'But Tom,' said Huck. 'What is this hiding place
number two?'

'I don't know. Maybe a house, no that would be
too easy.'

'Maybe a room?' suggested Huck.

'Maybe,' said Tom. 'A room in the guest-house,
perhaps.'

There were two guest-houses in town, and the
boys decided to check them both the next day.

By the afternoon the next day, they already knew
that there was something strange about room

Rozmawiali o tym przez całą powrotną drogę do miasta, aż w końcu uznali, że może jednak Indianin Joe miał na myśli kogoś innego.

– Ale Tomku – rzekł Huck – Co to jest ta kryjówka numer dwa?

– Nie wiem. Może dom? Nie, to byłoby zbyt proste.

– Może pokój? – zasugerował Huck.

– Czemu nie – odparł Tomek. – Może pokój w pensjonacie.

Były dwa pensjonaty w mieście i chłopcy postanowili nazajutrz sprawdzić obydwa.

Już po południu następnego dnia wiedzieli, że z pewnością coś było nie tak z pokojem

number two in one of the guest-houses. The barman didn't want to talk about it, and told them to go away. The boys looked around the house and saw that the door to one of the rooms came out into the dark alley behind the guest-house. They were sure this was number two. They decided to come back at night and try to see what was inside.

They met just before midnight, and Tom brought all the keys he could find at home.

'I thought one of them might open this door,' he explained. 'I'll go and try them, and you wait for me.'

Huck agreed, but he didn't have to wait long. Ten minutes later, Tom was back, so frightened that he couldn't speak.

'Oh, Huck! Oh, Huck!' he said in the end. 'The door wasn't locked, so I opened it, and there was Injun Joe, drunk and sleeping on the floor.'

'And did you see any money?'

'No, only bottles lying around.'

'So what shall we do?' said Huck.

Tom thought for a while and then said:

'We have to watch this room at night, Huck. And if Injun Joe comes out we'll have to follow him.'

'I can do it,' said Huck. 'But you have to watch him during the day when I sleep. If you see him dressed up as the Spaniard and doing something strange, wake me up.'

'Good!' said Tom. 'So let's start now.'

numer dwa w jednym z pensjonatów. Barman nie chciał o tym rozmawiać i przegonił ich. Chłopcy rozejrzeli się wokół domu i zobaczyli, że drzwi do jednego z pokoi wychodzą na ciemną uliczkę za pensjonatem. Byli pewni, że to był właśnie numer dwa. Postanowili wrócić tu w nocy i spróbować dowiedzieć się, co było w środku.

Spotkali się tuż przed północą; Tomek przyniósł ze sobą wszystkie klucze, jakie znalazł w domu.

– Pomyślałem, że może którymś uda mi się otworzyć te drzwi – wyjaśnił. – Pójdę sprawdzić, a ty poczekaj tu na mnie.

Huck się zgodził, ale nie musiał długo czekać. Dziesięć minut później, Tomek wrócił tak przerażony, że nie mógł mówić.

– O rany, Huck! – wydusił w końcu. – Drzwi nie były zamknięte, więc je otworzyłem, a na podłodze spał pijany Indianin Joe.

– A widziałeś pieniądze?

– Nie, tylko walające się butelki.

– To co robimy? – zapytał Huck.

Tomek pomyślał przez chwilę i odrzekł:

– Musimy obserwować ten pokój przez całą noc, Huck. A jak Indianin Joe wyjdzie, musimy iść za nim.

– Mogę to zrobić – powiedział Huck. – Ale ty musisz go pilnować w ciągu dnia, kiedy będę spał. Jak go zobaczysz przebranego za Hiszpana i robiącego coś podejrzanego, obudź mnie.

– Dobrze! – powiedział Tomek. – Zacznijmy zaraz.

And so Tom went home to sleep, and Huck stayed behind the guest-house watching the door of room number two.

For the next week, Huck slept during the days, and sat behind the guest-house at nights, while Tom spent all his days in town, playing with other children, and looking out for the 'deaf and dumb' Spaniard.

But when Saturday came, Tom had to change his plans. Becky Thatcher was having a picnic for all the children in town. Tom was of course invited. And he couldn't miss it.

The picnic started at noon on the hill and in the afternoon the whole party moved to McDougal's cave for more fun. Everybody got a candle and was told not to get lost in the labyrinth.

McDougal's cave was truly a huge labyrinth, with lots of paths that didn't go anywhere. People said that you may wander there all days and nights and never find the end of the cave, it was so big. No man knew the whole cave. Most of the boys knew a bit of it and Tom Sawyer didn't know more than the others.

When everybody was going back home from the picnic, Huck was already on the watch out behind the guest-house. At eleven, he heard a strange noise. Then the door opened, and two men came out. They didn't notice him and started to walk quickly up the alley. One of them was carrying something.

'It must be the box,' thought Huck. He wanted to go and wake up Tom, but then he thought:

Tak więc Tomek poszedł do domu spać, a Huck pozostał na tyłach pensjonatu, żeby pilnować drzwi do pokoju numer dwa.

Przez następny tydzień Huck spał w dzień i siedział za pensjonatem w nocy, podczas gdy Tomek spędzał całe dnie w mieście, bawiąc się z innymi dziećmi i obserwując „głuchoniemego" Hiszpana.

Ale kiedy przyszła sobota, Tomek musiał zmienić plany. Becky Thatcher organizowała dla wszystkich dzieci w mieście piknik. Tomek był oczywiście zaproszony. I nie mógł tego przegapić.

Piknik rozpoczął się w południe na wzgórzu, a po południu cała grupa przeniosła się dla odmiany do jaskini McDougala. Każdy otrzymał świecę i ostrzeżenie, żeby się nie zgubił w labiryncie.

Jaskinia McDougala była ogromnym labiryntem, z dużą ilością chodników, które prowadziły donikąd. Ludzie mówili, że można tam wędrować cały dzień i całą noc i nigdy nie znaleźć końca jaskini, tak była wielka. Nikt nie poznał jej w całości. Większość chłopców znała tylko jej część, podobnie jak Tomek.

Kiedy wszyscy wracali do domu z pikniku, Huck stał już na straży za pensjonatem. O godzinie jedenastej usłyszał dziwne dźwięki. Otworzyły się drzwi i z pokoju wyszło dwóch mężczyzn. Nie zauważyli go i zaczęli iść szybko ulicą. Jeden z nich coś niósł.

„To musi być ta skrzynia" – pomyślał Huck. Chciał iść obudzić Tomka, ale się rozmyślił:

'No, there's no time now. I have to follow them and see where they hide the treasure. Tom and I can get it tomorrow.'

And so he quietly followed the two men. Soon he found they were going up to Widow Douglas's house. They stopped by her windows.

'Damn, I can see some lights,' Injun Joe's voice suddenly said. 'Maybe she has guests.'

'Maybe it's not worth it then, Joe?' said the other man's voice.

'Not worth it?' said Injun Joe in an angry voice. 'I told you, it's not about money. It's revenge. Her husband was a judge and he whipped me once. He is dead now, but I'll take my revenge on her.'

'So this is the revenge job,' thought Huck. 'Oh, no, and what if they kill Widow Douglas?'

Widow Douglas had always been nice to Huck. He had to do something. He quietly started

„Nie, nie ma teraz czasu. Muszę ich śledzić i zobaczyć, gdzie zamierzają ukryć skarb. Tomek i ja będziemy mogli przyjść po niego jutro".

I ostrożnie ruszył w ich ślady. Wkrótce odkrył, że mężczyźni idą do domu wdowy Douglas. Zatrzymali się pod jej oknami.

– Cholera, widzę jakieś światła – odezwał się nagle głos Indianin Joe. – Może ma gości?

– Może nie warto w takim razie, co Joe? – odpowiedział mu drugi męski głos.

– Nie warto? – odparł Indianin Joe z gniewem w głosie. – Mówiłem ci już, że nie chodzi tu o pieniądze. To zemsta. Jej mąż był sędzią i kiedyś wysłał mnie za kratki. On już nie żyje, ale zemszczę się na niej.

– Więc to jest ta zemsta – pomyślał Huck. – Co teraz? Co będzie, jeśli zabiją wdowę Douglas?

Wdowa Douglas zawsze była miła dla Hucka. Musiał coś wymyślić. Ostrożnie zaczął się

to move away. When he was sure the two men couldn't hear him, he started to run. He stopped at the first house in town, and banged at the door. It was the house of an old Welshman who lived with his three sons.

'Let me in, let me in!' Huck shouted.

'What's your problem, my boy?' asked the old Welshman as he opened the door.

'Please, don't tell anybody I've told you —' were Huck's first words, and then he told the Welshman that Widow Douglas was in terrible danger. Three minutes later, the old Welshman and his sons were going up the hill to save the Widow. Huck didn't go with them. He waited, and when he heard an explosion and screaming, he ran away and hid by the river.

Very early the next morning, he knocked at the Welshman's door again.

'Welcome, my boy,' said the Welshman. 'We didn't catch the robbers last night, they ran away. But the police are looking for them now. One of them was this old Spaniard, wasn't he?

'Promise you won't tell anybody,' said Huck. 'But the Spaniard is Injun Joe.'

The Welshman's eyes grew big, and then he said:

'The murderer! Poor boy, no wonder you were so afraid. You will stay here today. Here's your bed.'

wycofywać. Kiedy był pewien, że mężczyźni już go nie usłyszą, zaczął biec. Zatrzymał się przy pierwszym domu w mieście i załomotał do drzwi. Był to dom starego Walijczyka, który mieszkał z trzema synami.

– Wpuście mnie, wpuście! – krzyczał Huck.

– Co się stało, chłopcze? – zapytał stary Walijczyk, otwierając drzwi.

– Proszę tylko nie mówić nikomu, że to ja wam powiedziałem.

Takie były pierwsze słowa Hucka, a potem powiedział Walijczykowi, że wdowa Douglas jest w strasznym niebezpieczeństwie. Trzy minuty później stary Walijczyk i jego synowie byli w drodze na wzgórze, aby uratować wdowę. Huck nie poszedł z nimi. Gdy usłyszał strzały i krzyki, uciekł i ukrył się nad rzeką.

Bardzo wczesnym rankiem zapukał ponownie do drzwi Walijczyka.

– Witaj mój chłopcze – powitał go Walijczyk. – Niestety nie złapaliśmy w nocy tych bandziorów. Ale szuka ich już policja. Jednym z nich był ten stary Hiszpan, prawda?

– Obiecaj, że nikomu nie powiesz — poprosił Huck. – Ale ten Hiszpan to Indianin Joe.

Walijczyk otworzył szeroko oczy i powiedział:

– Morderca! Biedny chłopcze, nic dziwnego, że tak się boisz. Zostaniesz dzisiaj tutaj. To jest twoje łóżko.

VII. WHICH ENDS HAPPILY FOR SOME AND SADLY FOR OTHERS

It was the first time in his life that Huck had ever slept in a real bed. He didn't wake up till the next day, and it was clear that he was very ill. The Welshman called the doctor, and the doctor said it was serious. Huck had to stay in bed and not get any excitement. That's why nobody told him the next day that Tom Sawyer and Becky Thatcher had got lost in McDougal's cave during the picnic and that nobody could find them.

Two days before, during the picnic, Tom and Becky did everything together. When the whole party went to the cave, they took their candles and went down the labyrinth on their own. Tom knew the way for some time, but then in one of the corridors, bats had scared them, and they had started to run down a different path. When they stopped, they couldn't hear anybody from the party.

'We can't go back where the bats are,' said Tom. 'Let's try a different way.'

But an hour later they still didn't hear any voices and Tom didn't recognize the paths at all.

'Oh, Tom!' said Becky in the end. 'I'm tired. Let's just go back.'

VII. KTÓRY DLA JEDNYCH KOŃCZY SIĘ DOBRZE, A DLA INNYCH ŹLE

Po raz pierwszy w życiu Huck spał w prawdziwym łóżku. Nie obudził się aż do następnego dnia i było jasne, że jest bardzo chory. Walijczyk wezwał lekarza, a ten orzekł, że to poważne. Huck musiał leżeć w łóżku i nikt nie powinien zakłócać mu spokoju. Dlatego też nie powiedziano mu następnego dnia, że Tomek Sawyer i Becky Thatcher zabłądzili w jaskini McDougala, i że nikt nie może ich znaleźć.

Dwa dni wcześniej, podczas pikniku, Tomek i Becky robili wszystko razem. Kiedy cała grupa dotarła do jaskini, zabrali ze sobą świeczkę i weszli w głąb labiryntu sami. Tomek znał drogę do jakiegoś momentu, ale w jednym z korytarzy przestraszyli się nietoperzy i pobiegli nieznanym chodnikiem. Kiedy się zatrzymali, nie słyszeli już nikogo z grupy.

– Nie możemy wrócić tam gdzie są nietoperze – powiedział Tomek. – Spróbujmy inną drogą.

Godzinę później nadal nie słychać było głosów, a Tomek już w ogóle nie rozpoznawał ścieżek.

– Och, Tomku! – powiedziała w końcu Becky. – Jestem strasznie zmęczona. Wracajmy po prostu tą samą drogą!

But going back wasn't easy either. They walked
and walked. And it seemed like they had been
walking for two days already. Finally they found
a water spring in one of the cave rooms.

'Tom!' said Becky after they had drunk some
water. 'I want to sleep, and I'm so hungry.'

Tom remembered he still had a cookie in his pocket. He took it out and broke it in two. Becky
had her half immediately and soon fell asleep.
Tom was waiting and watching their candle grow
smaller and smaller.

When Becky woke up, Tom said:

Ale powrót wcale nie był łatwy. Szli i szli. I wydawało się im, że chodzą już tak dwa dni. Wreszcie znaleźli źródło wody w jednej z sal jaskini.

– Tomku – powiedziała Becky, gdy napili się trochę wody. – Chce mi się spać i jestem taka głodna.

Tomek przypomniał sobie, że ma jeszcze placek w kieszeni. Przełamał go na pół. Becky zjadła swoją połówkę i prawie natychmiast zasnęła. Tomek czekał i patrzył, jak ich świeczka staje się coraz krótsza.

Kiedy Becky się obudziła, Tomek powiedział:

'Becky, we must stay here where there's water to drink. We can't go any further, we haven't got enough candle.'

And so they stayed. Hours later, the candle finished and it was completely dark. Both children were hugging each other and talking about their homes and friends.

'They must be looking for us now,' said Tom. 'They'll find us, don't worry.'

After some time, Tom thought it was already Tuesday, they saw some candle light in the distance. Tom ran there shouting, and jumping down the corridors. But when he was close enough, suddenly, he saw that the candle belonged to Injun Joe. And Injun Joe was running in the other direction. Tom ran back to Becky. They sat by the water spring in silence. An hour later they were asleep again.

When they woke up, Tom thought it was already Thursday or Friday. The town probably thought they were already dead. So, he thought, they had to find another way out. Becky was too weak to move. Tom took a kite line out of his pocket and gave her one end of it. He would hold the other end and go to look for another way out.

It was Tuesday afternoon when a voice was heard in the town:

'They've been found! They've been found!'

Half an hour later, in Aunt Polly's house, Tom was telling Mrs Thatcher how he had found

– Becky, musimy zostać tutaj, gdzie mamy wodę do picia. Nie możemy iść dalej, kończy nam się świeczka.

I tak zostali. Kilka godzin później, świeca się wypaliła i zrobiło się całkowicie ciemno.

Dzieci tuliły się do siebie, rozmawiając o swoich domach i przyjaciołach.

– Na pewno nas szukają –powiedział Tomek. – Znajdą nas, nie martw się.

Po pewnym czasie – Tomkowi wydawało się, że to już wtorek – zauważyli w oddali światło świecy. Tomek krzyczał i biegł na złamanie karku przez korytarze. Ale kiedy był blisko, zobaczył z przerażeniem, że świecę trzyma w ręku Indianin Joe. Indianin pobiegł jednak w innym kierunku. Tomek wrócił do Becky. Siedzieli przy źródle w milczeniu. Godzinę później zapadli ponownie w sen.

Kiedy się obudzili, Tomek pomyślał, że to musi być już czwartek albo piątek. W mieście prawdopodobnie myśleli, że już nie żyją. Tak, pomyślał, musi znaleźć inne wyjście. Becky była zbyt słaba żeby się ruszyć. Tomek wyciągnął z kieszeni sznurek i wręczył jej jeden koniec. On będzie trzymał drugi i pójdzie poszukać innego wyjścia.

Był czwartek po południu, kiedy w mieście rozległy się głosy:

– Znaleźli się! Znaleźli się!

Pół godziny później, w domu cioci Polly, Tomek opowiadał pani Thatcher, jak znalazł

another way out of the cave, and both him and Becky had escaped through a hole in the rock about five miles down the river from the main entrance. Tom was a hero again. But he was a very weak hero too, and so, without complaining, he stayed in bed for the next three days. On Friday, Aunt Polly told him that Huck Finn was ill, and was staying at the old Welshman's house. Tom went to visit him that afternoon. They spent all evening together whispering behind the closed door, planning what to do when Huck would be strong enough to go out.

A couple of days later, Tom went to see Becky. When Judge Thatcher, Becky's father, saw him, he asked ironically:

'Would you like to go back to the cave, Tom?'

'Why not, sir?'

'I knew there would be boys like you, Tom. But nobody will go and get lost in this cave again.'

'How come, sir?'

'Because we've put a heavy iron door on the entrance, it's locked now, and only I've got the keys.'

Tom turned white as a sheet.

'Oh Judge, but Injun Joe is in the cave!'

Within half an hour, a rescue team with the Judge himself was on the way to the cave. When the door was opened, they saw Injun Joe lying by the door dead. He had died of hunger.

inne wyjście z jaskini, i jak razem z Becky wydostali się przez dziurę w skale około pięciu mil w dół rzeki od głównego wejścia. Tomek znów był bohaterem. Ale był również bardzo słaby, więc bez narzekania przeleżał w łóżku następne trzy dni. W piątek ciocia powiedziała mu, że Huck Finn jest chory i przebywa w domu starego Walijczyka. Tomek poszedł więc po południu go odwiedzić. Spędzili razem cały wieczór rozmawiając szeptem za zamkniętymi drzwiami, co będą robili, kiedy Huck będzie już wystarczająco silny, żeby wyjść.

Kilka dni później Tomek udał się do Becky. Kiedy sędzia Thatcher, ojciec Becky, zobaczył go, zapytał ironicznie:

– Czyżbyś chciał wrócić do jaskini, Tomku?

– Dlaczego nie, proszę pana?

– Wiedziałem, że znajdą się tacy chłopcy jak ty, Tomku. Ale nikt już nie wejdzie do tej jaskini, żeby się zgubić.

– Jak to, proszę pana?

– U wejścia wstawiliśmy ciężkie żelazne drzwi, które są zamknięte i tylko ja mam klucze.

Tomek zrobił się blady jak ściana.

– Och panie sędzio, Indianin Joe jest w jaskini!

Pół godziny później grupa ratowników wraz z sędzią była w drodze do jaskini. Kiedy otworzyli drzwi, ujrzeli martwego Indianina Joe leżącego tuż przy wejściu. Zmarł z głodu.

Tom was happy and sad at the same time. He was sorry for the dead man because he could imagine very well how bad his last hours were. But he was happy because he felt safe again. Injun Joe couldn't kill him now.

The day after Injun Joe's funeral, Tom took Huck to a private place for a very important talk. When they were sure nobody could hear them, Tom said:

'Huck, the money was never in the guest-house.'

'What?' exclaimed Huck. 'Tom, did you find the money when I was lying in bed?'

'Huck, the money is in the cave.'

'Tom, are you joking?'

'It's true, Huck. Will you go and get it with me?'

'I will, if we don't get lost again.'

'Oh, no. I know how to do it now.'

The next day, Tom took Huck to the place where he and Becky had escaped from the cave. He went up to the rock, moved some dry bushes away and said:

'There it is. I hid it. It will be our secret meeting place when we're robbers. We won't tell anybody about it, apart from Joe Harper and Ben Rogers. Isn't it a good idea? But let's go in now, I'll show you something.'

They went into the cave and Tom told Huck again how he and Becky stayed in the darkness for days.

Tomek był szczęśliwy i smutny zarazem. Było mu żal zmarłego, ponieważ wyobraził sobie, jak straszne były jego ostatnie godziny. Ale był też szczęśliwy, ponieważ znów czuł się bezpieczny. Indianin Joe już nie mógł go zabić.

Dzień po pogrzebie Indianina Joe Tomek zabrał Hucka w ustronne miejsce na bardzo ważną rozmowę. Kiedy byli pewni, że nikt ich nie usłyszy, Tomek powiedział:

– Huck, pieniędzy nigdy nie było w pensjonacie.

– Co? – zawołał Huck. – Tomku, znalazłeś pieniądze, kiedy leżałem w łóżku?

– Huck, pieniądze są w jaskini.

– Żartujesz?

– Nie, serio, Huck. Pójdziesz ze mną po nie?

– Pójdę, o ile się znów nie zgubimy.

– Och, nie. Wiem, jak to zrobić.

Następnego dnia Tomek zaprowadził Hucka do miejsca, gdzie wraz z Becky wydostał się z jaskini. Podszedł do skały, odsunął kilka zeschłych krzaków i oznajmił:

– Gotowe. Ukryłem to wejście. To będzie nasze sekretne miejsce spotkań, kiedy będziemy rabusiami. Nie powiemy o nim nikomu, oprócz Joe Harpera i Bena Rogersa. Czyż to nie jest dobry pomysł? A teraz chodźmy do środka. Coś ci pokażę.

Weszli do jaskini i Tomek ponownie opowiedział Huckowi, jak on i Becky trwali tu w ciemnościach przez kilka dni.

'Now, can you see this rock, Huck?' he asked as they got into the next corridor.'

'Tom, there's a cross on it.'

'This is the hiding place number two, under the cross.'

'And is the treasure still in there?'

'Sure it is, Huck.'

And the money box was really there.

– Widzisz tę skałę, Huck? – zapytał, kiedy dotarli do kolejnego korytarza.

– Tomku, jest na niej krzyż.

– To jest właśnie ta skrytka numer dwa, ta pod krzyżem.

– I skarb nadal tam jest?

– Jasne że tak.

I skrzynia z pieniędzmi rzeczywiście tam była.

The boys decided to put the money into the bank, and Judge Thatcher promised to look after it. In the meantime, Widow Douglas asked Huck to live with her. She wanted to give him a true home and a good education. Everybody in town agreed it was a good idea, apart from Huck.

'Tom, I can't live like this, and I don't want to go to school.'

Tom looked at him, and said seriously:

'But you have to Hucky, if you want to be in our gang of robbers.'

'Oh, Tom, do I have to?'

'Yes, Huck. So... will you meow for me at midnight?'

'Sure.'

Chłopcy postanowili ulokować pieniądze w banku, a sędzia Thatcher obiecał o nie dbać. Tymczasem wdowa Douglas zaproponowała Huckowi, żeby z nią zamieszkał. Chciała dać mu prawdziwy dom i dobre wykształcenie. Wszyscy w mieście zgodzili się, że to dobry pomysł, oprócz Hucka.

– Tomku, nie mogę tak żyć, nie chcę chodzić do szkoły.

Tomek spojrzał na niego i rzekł poważnie:

– Jeśli chcesz należeć do naszej bandy, to musisz, Huck.

– Och, Tomku, naprawdę muszę?

– Tak, Huck. Więc... czy zamiauczysz na mnie o północy?

– Jasne.

CONTENTS

SPIS TREŚCI

Wszystkie tytuły z serii *Czytamy w oryginale:*

Moby Dick – Moby Dick

The Last of the Mohicans – Ostatni Mohikanin

Dracula – Drakula

Lord Jim – Lord Jim

Three Men in Boat – Trzech panów w łódce

Robinson Crusoe – Robinson Crusoe

The Secret Garden – Tajemniczy ogród

The Adventures of Tom Sawyer – Przygody Tomka
Sawyera

The Adventures of Sherlock Holmes – Przygody
Sherlocka Holmesa

Alice's Adventures in Wonderland – Alicja w krainie
czarów

Treasure Island – Wyspa Skarbów

Gulliver's Travels – Podróże Guliwera

The Wonderful Wizard of Oz – Czarnoksiężnik z
Krainy Oz

White Fang – Biały Kieł

Sense and Sensibility – Rozważna i romantyczna

Pollyanna – Pollyanna

Peter Pan – Piotruś Pan

A Christmas Carol – Opowieść wigilijna

Więcej informacji na www.44.pl